# MÉMOIRE

SUR LES

MOYENS DE PERFECTIONNER

*L'ESPÈCE DE CRISTAL*

NÉCESSAIRE À LA CONSTRUCTION

DES

*LUNETTES ACHROMATIQUES.*

*Par M.* LIBAUDE, *associé avec M.* BONGARD DE ROQUIGNI *dans la Verrerie du Valdannoy près Abbeville.*

Pièce qui a remporté le Prix à l'Académie Royale des Sciences en l'année 1774.

A PARIS,

DE L'IMPRIMERIE ROYALE.

M. DCCLXXV.

# MÉMOIRE
## SUR LES MOYENS DE PERFECTIONNER L'ESPÈCE DE CRISTAL NÉCESSAIRE À LA CONSTRUCTION DES LUNETTES ACHROMATIQUES.

Nec eſt alia materia ſequatior. *Pline, lib. XXXVII, cap. 13.*

Pline dit en parlant du verre : *Il n'y a pas de matière qui obéiſſe mieux à la main de l'ouvrier.*

CONNOISSANT les moyens que l'on emploie ordinairement pour faire de beau criſtal ; attaché aux travaux de l'art de la Verrerie digne de l'encouragement du Miniſtère, le ſuivant & l'étudiant, j'oſe le dire, non-ſeulement par état, mais avec paſſion ; enhardi par la demande que fait l'Académie Royale des Sciences aux Artiſtes, j'ai cru pouvoir entrer en lice, & m'efforcer de répondre aux vues de cette Compagnie.

Heureux ſi mes foibles efforts pouvoient enlever à nos voiſins & à nos émules, une partie d'où dépend eſſentiellement la perfection de nos Lunettes d'obſervations, & qui doit amener une révolution heureuſe dans l'Aſtronomie !

J'aurois fait des pas plus rapides, ſi les Savans à qui je parle, m'euſſent conduit avec principes dans un Art qui exigeroit toutes leurs connoiſſances en Chimie. J'implore leur indulgence ſur la diction ; on doit exiger d'un Artiſte occupé de ſon travail, qu'il rende les choſes, ſans lui demander le vernis de l'élégance du ſtyle.

Je préviens encore ici que je ne chercherai point à expliquer comment opèrent les principaux agens dans la vitrification; les solutions de ces problèmes exigeroient plus de connoissance que je n'en ai, & des travaux beaucoup plus étendus, auxquels mes facultés & mes occupations m'ôteroient le loisir de me livrer. Mes Juges, je l'espère, s'arrêteront uniquement aux faits que je leur exposerai. Il me siéroit mal de décider des questions si délicates, & sur lesquelles je dois laisser prononcer les Maîtres; je crois mieux répondre à leurs demandes en leur présentant des expériences & des faits, plutôt que des idées vagues & un système incertain.

L'Académie demande dans le cristal nécessaire à la construction des Lunettes achromatiques, *qu'il soit d'une densité demandée, & en même temps exempt des stries ou filandres, & du coup-d'œil gélatineux auxquels sont sujets les stras & le flint-glass d'Angleterre (a).*

J'ai cru premièrement devoir examiner ces verres Anglois qui font l'objet de notre émulation, & consulter nos Lunetiers pour m'informer des qualités qu'ils trouvent dans ces verres, & des défauts assez ordinaires à ces mêmes verres Anglois.

Les objectifs de Lunettes achromatiques sont composés de deux verres de densité différente, qui sont connus en Angleterre l'un sous le nom de *flint-glass*; & l'autre sous celui de *crown-glass*. Les verres appelés *flint-glass* sont clairs, nets, blancs, exempts de *bulles* ou *points*; & je me suis assuré qu'ils ont été soufflés en manchon, puis coupés avec les ciseaux, & ouverts comme le sont les glaces de Venise *(b)*.

Le *crown-glass* est un verre qui a été soufflé & ouvert en *plat* à *l'ouvreau* d'un four: il est bien net & d'une belle couleur verte.

Je ne m'attacherai pas à imiter ce verre Anglois, 1.° parce

---

(a) Les mots *flint-glass*, signifient en Anglois verre ou cristal de cailloux, de pierres à fusil. Je me servirai de ce mot pour donner l'idée de tout cristal propre aux Lunettes achromatiques.

(b) Les grosses *bulles* conservent ce nom; les petites se nomment *points*. L'origine des *bulles* n'est pas la même que celle des *points*.

que l'Académie ne le demande pas; 2.° parce que nos Lunetiers pourroient aisément s'en passer, en lui substituant un beau verre vert le plus commun de nos fabriques *(c)*.

Les Lunetiers m'ont dit que la blancheur dans le *flint-glass* n'étoit pas une qualité essentielle, mais qu'il falloit l'homogénéité dans les parties, qu'il n'y eût point dans ces verres ni de *bulles*, ni de *points*; qu'ils trouvoient dans les verres Anglois une fusion convenable dans la matière; mais que dans la plupart des morceaux de ce verre que l'on tiroit d'Angleterre, les fils, ou plutôt les *lames* ou *tables* les arrêtoient dans leurs ouvrages, & que ces tables gâtoient souvent l'objectif qui paroissoit devoir le mieux réussir.

J'examinai ensuite dans des objectifs défectueux la position de ces lames; je reconnus qu'elles étoient souvent parallèles aux surfaces du morceau de verre que l'on avoit employé. On verra par la suite combien un œil attentif peut découvrir de faits heureux, & tirer parti de ses observations.

Muni de ces connoissances préliminaires & utiles pour mon objet, je résolus de tenter des expériences, ne comptant

---

*(c)* Je dis que je ne m'attacherai pas à imiter le *crown-glass*, mais conduit par le desir d'être utile, je reviens sur mes pas. L'Académie voudra bien me diriger si je m'égare dans le chemin qui peut m'y conduire.

Il me paroît que dans les verres des Lunettes achromatiques, l'on attend la réussite des objectifs de la différente densité des deux verres qui les composent. Si cela est ainsi, ne peut-on pas espérer un plus grand succès, en combinant un verre léger avec un verre lourd! Et de même que l'on donne de la pesanteur au *flint-glass*, & que le plus pesant réussit le mieux, ne devroit-on pas chercher la légèreté dans le *crown-glass*! il est possible de faire des verres plus légers; & j'ai reconnu, dans les différentes substances vitrifiables qui m'ont passé par les mains, certaines qui conservoient leur légèreté, de même que d'autres gardent leur pesanteur.

Ceux qui travaillent les objectifs des Lunettes achromatiques, disent que la couleur dans le *flint-glass*, & sur-tout dans le *crown-glass*, est indifférente. Mais est-il prouvé qu'un verre léger & blanc ne seroit pas préférable à un verre de couleur d'émeraude foncée, comme l'est le *crown-glass*? D'ailleurs, cette couleur verte ne seroit-elle pas indifférente dans le *flint* ou dans le *crown*?

Si mes idées sont justes, ne deviendroit-il pas avantageux de s'attacher, en suivant mes vues, à perfectionner le *crown-glass*, dont la combinaison avec le *flint-glass*, devient si utile pour les Lunettes d'Astronomie!

pour rien les difficultés & le temps néceſſaire pour m'aſſurer des faits avant que de les ſoumettre au jugement de cette célèbre Compagnie.

On ſait que le verre eſt formé avec des ſubſtances diſpoſées à entrer en fuſion, & nommées par cette raiſon *vitrifiables;* mais dans nos fours de Verreries, nous ſommes obligés d'en précipiter encore la fuſion avec des ſels que nous appelons *fondans.*

La matière vitrifiable dont on ſe ſert ordinairement, eſt du ſable ou ſablon.

Le fondant peut être d'une nature fort différente; les uns emploient des ſoudes d'Eſpagne, c'eſt-à-dire de *kaly;* les autres des ſoudes de *varech;* ceux-ci des cendres fondues, comme la *potaſſe;* ceux-là des cendres de plantes terreſtres, &c. mais lorſqu'on veut faire un verre commun, on prend des ſoudes les plus communes, & principalement les ſoudes de varech. Si on veut faire un verre plus beau, on choiſit les ſoudes d'Eſpagne, & l'on emploie les ſels & les cendres de ces ſoudes, ou les cendres de nos foyers non leſſivées. Mais quand on veut faire un verre blanc & parfait, on tire ou des ſoudes d'Eſpagne ou des cendres de nos foyers les ſels qu'elles contiennent, & on n'emploie comme fondant que ces ſels dépouillés des cendres & du charbon. Il eſt prouvé que ces cendres & ce charbon contiennent un phlogiſtique & une partie terreuſe, peu propre à donner un verre fin & d'un beau blanc. Je parle à des perſonnes inſtruites, & je crois en avoir aſſez dit pour me faire entendre dans la ſuite de mon travail.

Ces ſubſtances bien *frittées,* entrent en fuſion dans le four des verreries, & on les travaille, pour les *ouvrager,* ſuivant l'intention de celui qui conduit la fabrique.

Reprenons chacune de ces parties; & comme le verre tient toutes ſes qualités, non-ſeulement du choix & d'un juſte mélange des matières; mais encore de la fuſion dans le four, & enfin des attentions que l'on prend en le travaillant; nous tirerons, d'après les réflexions ſur chacune de ces parties, que nous traiterons dans autant d'articles séparés, les vrais moyens & les plus sûrs pour faire de bon verre avec les qualités requises.

## ARTICLE PREMIER.

### *Des matières vitrifiables.*

Je ne rapporterai pas ici toutes les expériences que j'ai faites pour m'assurer de la matière vitrifiable la plus propre à donner le *flint-glass* ou le verre des Lunettes achromatiques.

On se doute bien que, d'après les recettes anciennes pour faire du cristal ou pierres composées, j'ai soumis à l'expérience les cailloux. Je me suis assuré que le caillou qui, exposé au feu pour s'y *calciner (d)*, blanchit, donne seul un beau verre, qu'il convient de le réduire en poudre très-fine; mais j'avoue que la dépense & les soins qu'exigent ceux-ci, ne m'ont pas paru mériter la préférence sur un sablon bien blanc, très-fin, & sur-tout exempt de parties terreuses ou métalliques.

Lorsque près de la Verrerie l'on n'a pas de bon sable, & tel que je viens de le dire, exempt de terre grasse, ou de parties métalliques, si l'on a de bons cailloux, on doit les préférer au mauvais sablon, parce que l'on est certain qu'ils se trouveront moins mélangés de substances nuisibles à la composition d'un beau cristal. Il est probable que les Anglois font leur *flint-glass* avec des pierres à fusil; car ce mot le dit. J'ai fait un superbe cristal avec du cristal de roche. Il est certain que le beau cristal de roche est exempt de parties terreuses, & est très-homogène dans toutes ses parties. Ce verre étoit spécifiquement d'un poids différent du verre de sable, & peut-être pourroit-on trouver d'autres pierres ou terres vitrifiables, qui, par leur propre pesanteur, donneroient le verre *flint-glass*, sans addition de substance métallique *(e)*.

---

*(d)* C'est le terme impropre dont on se sert pour désigner cette opération.

*(e)* Ceci mériteroit d'être examiné plus particulièrement, en soumettant à l'expérience des substances vitrifiables, très-pesantes, jusqu'à ce que l'on en eût trouvé une, qui, sans avoir des défauts, donnât seule un verre lourd.

Étant convaincu qu'il y a du choix dans les ſablons, j'ai fait des dépenſes pour m'en procurer de différens endroits, & je me ſuis aſſuré que dans le nombre de mes épreuves, celui d'Étampes méritoit d'être choiſi; il y en a encore à Senlis, à Dieppe, &c. de très-bon.

Le meilleur ſable demande une préparation, il contient toujours une partie graſſe, une terre végétale (peut-être apportée par le vent ſur le vrai ſable). Pour qu'il ſoit pur, il convient de le laver à pluſieurs eaux & enſuite de le faire ſécher.

Je crois donc ne devoir point chercher ailleurs une matière vitrifiable: les difficultés vont croître à meſure que nous avançons, & ſe multiplieront à l'article intéreſſant des fondans.

## ARTICLE DEUXIÈME.

### *Des fondans.*

Nous avons dit que pour faire de beau criſtal, il falloit prendre pour fondans les ſels extraits des cendres de plantes; on les nomme en verrerie les *ſalins.*

Ceci nous diſpenſe de parler des verres que l'on peut faire avec les ſoudes de varech, avec les ſoudes d'Eſpagne & leurs cendres, enfin avec les cendres de foyers contenant leurs ſels. Nous paſſons tout de ſuite aux verres dans la compoſition deſquels on ne fait entrer comme fondans que le *ſalin.*

Pour traiter complètement cet article, il faudroit donner l'art de tirer le ſalin; car d'un bon ſalin on obtient de meilleur verre, & il y a une ſcience à tirer plus de ſalin & de bon ſalin. Je renvoie à l'Art de la verrerie de *Kunckel,* qui, je l'avoue, laiſſe trop à deſirer; mais c'eſt, je crois, le ſeul qui ait entamé la matière.

L'Académie me permettra d'appeler ici *principes*, des faits que l'obſervation réitérée & mes expériences me font regarder comme certains, & dont j'eſpérerois convaincre cette Compagnie, ſi j'avois à traiter l'art de la Verrerie, & ſi je pouvois entrer ici dans des détails ſuffiſans.

1.° Le verre eſt d'autant plus beau que l'on a employé moins de fondans pour faciliter la fuſion, & un feu plus vif pour la produire; qu'il a bouilli à gros bouillons dans le commencement de la fuſion.

2.° Que le fondant eſt moins mêlé de ſels de nature différente.

3.° Le verre eſt le ſeul produit de la matière vitrifiable, & le fondant pur n'entre pour rien dans la compoſition du verre parfait *(f)*.

4.° Les chaux métalliques entrent dans la vitrification; certaines chaux métalliques augmentent la peſanteur du verre, & il convient de choiſir pour le *flint-glaſſ* celles qui, ſans réunir des défauts eſſentiels, ſont les plus denſes, eu égard à leurs maſſes; de ce nombre ſont les chaux de plomb.

5.° Pour faire du verre bien blanc, pour ne le point ternir, ſur-tout celui où il entre de la chaux de plomb, avide de phlogiſtique, il convient mieux de le travailler dans un pot couvert.

6.° Le beau verre doit être *doux, coulant,* quand on le travaille; il doit ſe travailler à une foible chaleur; celui-ci ſe recuit plus aiſément, & eſt toujours plus fin.

7.° Je poſerai encore pour principe (& j'avoue que ceci mériteroit d'être traité par quelque Membre de cette ſavante Compagnie), *(g)* que les ſoudes d'Eſpagne donnent en ſalin, principalement l'alkali minéral, qui eſt la baſe du ſel marin, & qu'il eſt très-poſſible d'avoir ce ſel en beaux criſtaux, entièrement ſéparé d'autres ſels.

Que toutes les cendres de bois donnent à peu-près les

---

*(f)* J'imagine bien que ceci ſe trouvera ſujet à beaucoup d'objections auxquelles je ne puis pas répondre ici.

*(g)* Je dois avouer que j'ai profité ici du travail que m'a communiqué un Savant, qui ne me permet pas même aujourd'hui de le nommer; mais vous le connoiſſez ſans doute, Meſſieurs. Digne Élève d'un de vos illuſtres Membres, il a, comme lui, le zèle le plus ardent pour le progrès des Sciences & des Arts. Faire le bien, eſt ſon plus grand plaiſir, & la ſeule récompenſe flatteuſe qu'il en attend.

mêmes principes dans l'analyſe, & qu'il en réſulte un tartre vitriolé, de l'alkali végétal, & un peu d'alkali minéral.

8.° Que quelques plantes peuvent contenir du ſel marin; que celles-là le doivent aux évaporations de l'eau de la mer, ou aux urines avec leſquelles on les a arroſées; d'autres du ſel de nitre, & que ce ſel provient du lieu où ont crû ces plantes, dont le terrein, formé de plâtras & de fumier, a fourni ce ſel que la plante a pompé.

Reprenons chacun de ces paragraphes.

Il faut donc choiſir, d'après le premier principe, le fondant le plus actif, c'eſt-à-dire celui qui *porte* le plus de ſable.

Il s'enſuit encore qu'il ne faut donner au ſable que ce qui eſt néceſſaire de fondans pour obtenir une vitrification complète: ſi l'on manque ce point, l'on a un verre que l'on nomme *cordé*, & qui ne peut ſe travailler.

Il ſeroit impoſſible d'ouvrager la compoſition du verre deſtiné à être coulé en table, ce verre étant trop tendre & *cordé.*

J'ai fait des expériences en employant l'alkali minéral pur. Comme ce ſel tient preſque moitié d'eau dans ſa criſtalliſation, il faut ne compter que ſur moitié du ſel que l'on emploie, ou mettre dans l'arche, à une foible chaleur, évaporer la partie aqueuſe de ce ſel; ce ſel n'agiſſant pas avec le plus de force, ne doit point être choiſi.

Lorſqu'on tire le ſalin des ſoudes d'Eſpagne, ce ſalin eſt moins blanc que le ſel de ſoude pur, & le plus actif eſt celui qui tire le plus ſur la couleur de marron; il porte (le meilleur) cent cinquante livres de ſable par cent de ſalin; il contient donc une matière plus active & plus propre à aider à la fuſion des matières vitrifiables & doit être préféré au ſel de ſoude pur. Ce dernier ſel aide peu le verre à bouillir, & nous avons dit qu'il falloit pour devenir un verre fin, que la matière en entrant en fuſion, formât de gros bouillons; celle qui ne bout pas beaucoup s'affine moins bien, & prend ſouvent une couleur jaune. On a beau vouloir détruire cette couleur, en lui en donnant une artificielle, ſi la matière de ce verre eſt tendre, elle ne tient point la partie colorante qu'on lui ajoute, & le jaune ſubſiſte, ſans que l'on connoiſſe de moyens ſûrs d'en faire un beau verre blanc, clair & net. J'ai employé l'alkali du tartre; il eſt bon, & ne porte que cent pour cent; ainſi je conſeille de ne le pas prendre de préférence. Ce ſel précipite la fuſion, & je conſeillerois de l'employer mêlé avec d'autres fondans (comme *Néri* le dit), ſi je n'avois pas obſervé qu'il vaut mieux laiſſer la matière plus de temps au feu, & lui donner un grand feu, plutôt que de précipiter la fuſion par un mélange de différens fondans, qui nuiſent toujours à la netteté & à la qualité du verre.

Tous les ſels neutres peuvent ſervir de fondans; mais dans ce nombre, ainſi que dans les alkalis, on doit rejeter ceux qui s'évaporent & ſe diſſipent aiſément. Le ſel marin, mêlé avec d'autres fondans, a le ſeul avantage de précipiter la fuſion, & de faire bouillir la matière. Mais je dois ajouter que ſi peu qu'il y ait de ſel gris dans une compoſition, le verre prend une couleur déſagréable. Si on emploie le ſel marin ſeul, il ſe ſublime; & quant il eſt joint à d'autres fondans, il forme ſur les pots le *ſel de verre;* nouveau compoſé, qui mériteroit d'être examiné plus exactement encore. Ce ſel nuit à la vitrification; il empêche la réunion des parties du verre; il ôte ſa tranſparence; il le rend gras, &c. Un inconvénient pour le Verrier, c'eſt que lorſqu'il emploie le ſel marin en grande quantité, il perce les pots, il uſe les ſiéges du four, & le four lui-même.

Après avoir fait l'analyſe des cendres de foyers, j'ai obtenu un ſalin qui n'eſt compoſé que de tartre vitriolé, joint à un alkali minéral & végétal, ou qui a une ſurabondance d'alkali végétal, d'une graiſſe ou d'un phlogiſtique que je laiſſe à l'Académie à bien définir. Je ne m'appuie que de mon travail qui m'enſeigne, à meſure que j'apprends, à me méfier de mes connoiſſances & à être lent à tirer des déciſions. Ce que je puis aſſurer, c'eſt que ce ſalin eſt le meilleur pour faire le beau verre, & en particulier le verre des Lunettes achromatiques; que plus ce ſalin eſt de couleur brune ou de marron, meilleur il eſt, & plus propre pour porter beaucoup de ſable, eu égard à ſa maſſe. Le ſalin de bois quand il eſt bien fait doit porter deux cents livres de ſable par quintal de ſalin. Enfin ce fondant eſt celui que l'on doit employer de préférence à d'autres.

Ce ſalin coûte beaucoup dans nos verreries, où la rareté & la cherté des bois rend les cendres peu abondantes. Dans certaines parties de l'Allemagne, on gagne à brûler des cendres pour en obtenir du ſalin, & chaque payſan tire partie de ſes cendres & de la conſommation de ſon bois, pour en tirer le ſalin.

Les ſoudes de potaſſe, étant des cendres de bois qui ont un commencement de fuſion, doivent avoir les mêmes propriétés que les ſels des cendres; auſſi les ai-je employées avec ſuccès. Je préviens cependant que la potaſſe du nord, faite avec des bois réſineux, contient une graiſſe & un phlogiſtique qui nuit à la perfection du verre, & que l'on doit faire diſſiper par un feu meſuré, dans une des arches du four, & mieux encore par des lavages & des criſtalliſations réitérées.

Ceci me les fait ranger, pour leur utilité, après le ſalin des cendres de bois. L'orme eſt un des arbres qui donne du ſalin en plus grande quantité, & un des meilleurs.

Comme ces expériences m'indiquoient de préférer le ſalin des cendres de bois, je crus, après avoir connu par des analyſes les ſels qui conſtituoient ce ſalin, devoir eſſayer, pour fondans, ceux qui entrent principalement dans ſa compoſition.

J'ai employé le tartre vitriolé ſeul pour fondant, & après pluſieurs épreuves, j'ai reconnu que ce fondant ne porte que cinquante livres de ſable par quintal. Le verre qui en eſt réſulté étoit dur, ſe *calcinoit* à l'air au ſortir du pot, & produiſoit un verre de mauvaiſe qualité.

J'ai joint à ſoixante-cinq livres de tartre vitriolé, vingt-cinq livres d'alkali de tartre, & dix livres d'alkali minéral. Ce fondant a porté plus de ſable que dans les premières épreuves; mais le verre n'étoit pas ſi beau que celui produit par le ſalin des cendres de foyer. Je crois donc qu'il manque à ce ſalin compoſé une qualité dont nous ne ſommes pas encore en état de définir la nature, & ſur laquelle mon travail me laiſſe entrevoir trop foiblement la différence d'avec le ſalin des cendres de foyer, pour oſer la propoſer au jugement de cette Compagnie.

Je dois dire qu'après avoir éprouvé les ſels neutres d'*alun*, de ſel de *Glauber*, de *borax*, &c. j'ai vu que l'alun portoit peu de ſable. Il fait bouillir le verre, & par-là peut être employé utilement dans une compoſition; mais ce ſel qui ſe décompoſe en aſſez grande quantité dans le pot, en précipitant la fuſion, & faiſant bouillir la matière, y laiſſe ſon acide qui verdit le verre & le rend d'une vilaine couleur. Je dirai la même choſe du ſel de Glauber. Le borax eſt celui qui m'a le mieux réuſſi: mais il eſt trop cher; d'ailleurs il ſe bourſoufle dans le pot, il ſe diſſipe avant d'avoir engagé la vitrification, & il ne peut pas être employé avec ſuccès ſans d'autres additions. Lorſqu'on l'emploie pour faire bouillir la matière, il convient de ne le mettre qu'à très-petites doſes.

Je ne devois pas oublier d'eſſayer pour fondant le ſel de *nitre*, & pour être certain de la façon dont ce ſel agiſſoit, j'ai pris du ſel de nitre de la première cuite, & j'ai joint cent livres de ce ſel avec cent livres de ſable. Le ſel marin que contient ce ſel, lui donnoit une couleur verte; & le verre, quoique brillant, étoit gras. Je l'ai tiré à l'eau; j'ai corrigé cette graiſſe avec cinq livres de chaux vive par cent livres de ſel; mais ce verre ne portoit pas la couleur artificielle qu'on lui avoit donnée, & j'ai eu beaucoup de peine à lui ôter ſa couleur verte.

J'ai pris du ſel de nitre bien purifié, & de la quatrième cuite; & pour être plus ſûr de n'employer que le nitre dépouillé de tout ſel marin, & ſans matière graſſe, je l'ai fait diſſoudre pluſieurs fois dans l'eau; &, par des criſtalliſations répétées, je pouvois être certain de n'employer que du ſel de nitre.

Ce ſel bien purifié porte cent vingt-cinq à cent cinquante livres de ſable pour cent, & donne un criſtal d'une couleur très-brillante, ſur-tout quand on *l'a tiré à l'eau*, ainſi que je vais l'expliquer. Cependant, comme ce fondant n'eſt pas des plus actifs, & qu'il eſt cher ici, je ne conſeille pas de le préférer au ſalin de bois.

Je dois dire que lorſqu'on veut éclaircir le verre, & lui donner une couleur artificielle, le ſel de nitre eſt toujours employé; & l'on préfère dans la plupart des fabriques le nitre de la première cuite.

On joint ordinairement ce ſel avec la *manganèſe,* pour lors il produit une diviſion de la partie colorante de ce minéral, qui s'incorpore dans la matière du verre, & lui donne une teinte agréable. Mais je me retiens, & j'ai promis de laiſſer les explications des faits aux Savans plus capables que moi d'en donner de juſtes, afin de m'en tenir ſimplement aux expériences & à l'obſervation.

Si le nitre de la première cuite agit, ainſi qu'on le dit, avec plus d'efficacité, ce ſeroit à raiſon du ſel marin qu'il contient; j'ai dit que ce ſel en petite doſe engageoit la matière à bouillir à gros bouillons; que ces bouillons, en débarraſſant le verre par la ſublimation des matières qui ne font pas le verre, l'affinoient & l'épuroient; on l'emploieroit donc utilement dans les compoſitions des criſtaux; mais il a de grands défauts, ſur-tout pour le verre *flint-glaſſ.* Je préfère pour cette eſpèce de verre, ainſi que je l'ai déjà avancé, le ſalin des cendres de foyer employé pour fondant, puis le ſalpêtre de la deuxième cuite *(h).*

## ARTICLE TROISIÈME.

### *De la compoſition des* flint-glaſſ, *eu égard à la denſité qu'ils doivent avoir.*

Je laiſſe aux habiles Géomètres, & c'eſt encore à ceux de l'Académie des Sciences auxquels je m'adreſſe, à nous fixer la denſité propre à ce verre, qui, joint à un ſecond verre, doit diminuer l'aberration des rayons de la lumière par leurs différentes réfrangibilités. Les opérations purement pratiques

*(h)* Je puis aſſurer, par mes expériences, que le ſalpêtre ſera d'autant moins bon, qu'il contiendra plus de ſel marin.

ſont de notre reſſort; auſſi n'en ai-je négligé aucune de celles qui dépendoient de moi. J'ai pris chez un Lunetier du *flint-glaſſ* Anglois bon, & je me ſuis aſſuré que le pouce cube de ce verre pèſe 1230 grains. Celui de notre verre blanc ordinaire pèſe 906 grains: ainſi le *flint-glaſſ* eſt à notre verre blanc comme 1000 eſt à 736 ou 737.

Je me doutois bien que je ne pourrois obtenir, dans la vitrification, une différence & une beaucoup plus grande peſanteur qu'en y employant une ſubſtance métallique; mais il falloit trois conditions; 1.° que cette ſubſtance métallique reſtât dans la vitrification en ſe vitrifiant elle-même; 2.° qu'elle ne la colorât pas au point de la ternir; 3.° enfin qu'elle fût par elle-même plus denſe que pareille matière de verre dans laquelle on l'incorpore. J'aurois employé avec ſuccès la chaux d'antimoine: j'ai fait de beau criſtal en joignant à la compoſition une certaine quantité de chaux d'antimoine, que l'on nomme *foie d'antimoine*, ou avec celle connue ſous le nom d'*antimoine diaphorétique*, que l'on ſait être une chaux d'antimoine détonnée avec le nitre & lavée, qui prend une couleur très-blanche: mais mon verre n'acquéroit pas de peſanteur, cette chaux étant plus légère proportionnellement à la même maſſe de verre qu'elle remplace lorſqu'on l'introduit dans une vitrification. J'ai donc ſenti promptement qu'il convenoit de jeter les yeux ſur le plomb, en employant ce minéral réduit en chaux. L'expérience devoit me convaincre ſi l'eſpèce de chaux de plomb ne pouvoit pas produire de grandes différences dans le criſtal; & j'ai eſſayé les chaux de plomb connues.

Je croyois que le blanc de plomb, cette chaux produite par l'acide végétal, réuſſiroit mieux que les autres chaux. Sa blancheur m'engageoit à le conjecturer. J'ai obtenu, par le mélange de cette chaux, un verre de la peſanteur indiquée, & il avoit toutes les conditions requiſes, en n'oubliant aucune des circonſtances que je détaillerai ci-après; mais ce verre étoit d'une couleur bleuâtre & gélatineux. Je crois que la couleur de ce verre provenoit de l'acide végétal qui jouoit un rôle dans cette vitrification.

Je suis donc revenu à la litharge, & plutôt encore au *minium;* ces chaux donnent, à la vérité, un verre jaune; mais il est possible, par des préparations que j'indiquerai, de le faire devenir un cristal fort blanc, & aussi beau qu'on peut le desirer. La dose de cette chaux m'étoit indiquée par la comparaison de sa pesanteur avec celle du verre blanc.

| | | |
|---|---|---|
| J'ai joint à du sable bien lavé & séché... | 50 livres | 0 onces. |
| Salin de bois le mieux fait.......... | 25... | 0. |
| Chaux vive en poudre............. | 2... | 8. |

J'ajoute, pour cinquante livres de cristal, vingt-cinq livres de *minium*, une once de *manganèse*.

Et huit onces de nitre de la seconde cuite.

J'avertis que pour tirer d'une composition un beau verre à *ouvrager*, il faut une pareille quantité de matière. On n'obtiendra qu'avec grande peine une belle fonte dans un petit vase, appelé chez nous *patelin*, & dans des expériences faites en petit *(i)*.

---

*(i)* On sera sans doute surpris, qu'après avoir avancé dans ce Mémoire, que, pour faire de beau cristal, il falloit choisir le fondant le plus actif, ne donner à la matière vitrifiable que la quantité de fondant qui lui est nécessaire, & attendre une belle vitrification de la vive chaleur de son four, plutôt que du secours du fondant; enfin, qu'après avoir dit que le salin doit porter 200 livres de sable par quintal, & le salpêtre, 125 à 150, je ne m'y sois pas conformé dans cette composition: je crois devoir expliquer au public les raisons de cette espèce de contradiction.

Je ne devois parler dans ce Mémoire, que des expériences que j'avois faites, & qui me mettoient à portée de présenter des échantillons à l'Académie: dans le moment où je l'ai écrit, mon four de verrerie étoit sur son déclin; & ne donnant plus une assez vive chaleur, je forçois malgré moi & contre mes principes, la dose des fondans.

Depuis que j'ai rétabli mon four, je me conforme à la vive chaleur qu'il donne; & voici ce qui me règle pour mes compositions. Prenons pour exemple un verre dans lequel on se sera servi de salpêtre pour fondant.

Le *minium* peut porter ou faire vitrifier moitié de son poids de sable.

| | |
|---|---|
| | 30 livres de sable pour 60 de *minium.* |
| | 105 livres de sable pour 70 de *salpêtre.* |
| TOTAL... | 135 livres de sable. |
| | 60 livres de *minium.* |
| | 70 livres de *salpêtre.* |

D'après mes principes, j'avois deux moyens pour obtenir un verre bien mêlé, très-homogène après sa fonte, & par conséquent à l'abri de ce défaut que l'on nomme dans les verres ouvragés, *verres cordés;* dans les verres coulés, *verres neigeux.*

Le mélange d'un verre est bien fait, & on se met à l'abri de le voir cordé, quand on établit un grand mouvement dans toutes ses parties, lorsqu'on le fait bouillir long-temps. Je vais faire part d'une expérience, qui, si elle ne concourt pas à donner de beau *flint-glass*, au moins pourra constater la vérité du principe premier que j'ai avancé *(page 9)*, & donnera des vues à ceux qui pourroient travailler à faire de beaux cristaux, ou la partie de l'art de la Verrerie, qui concerne les verres des Lunettes achromatiques.

J'ai appris par des épreuves répétées que rien n'affine plus parfaitement les verres ordinaires, que d'y joindre à plusieurs reprises des *cuisses* tirées de nos fours *(k)*, parce que cette espèce de verre fait bouillir à gros bouillons, & souvent même écumer la matière du pot où on l'a mis. Me servant

---

Souvent je n'ai point ajouté de manganèse à la composition. Le verre prenoit une couleur bleuâtre qui n'étoit point désagréable, ni préjudiciable pour en former les objectifs des lunettes.

Le verre est cordé lorsque nous ouvrageons une matière formée par du groësil de différentes fontes. Ce même verre tiré en masse, fait du verre neigeux: pareille chose arrive, lorsque nous mettons trop de fondans dans une composition, parce que, suivant ma façon de penser, le fondant engage certaines portions de sable à se vitrifier d'une façon plus complète que d'autres; & qu'un verre ou cristal pour être beau, doit être également vitrifié dans toutes ses parties. J'explique aisément, par cette raison, les difficultés que l'on éprouve en faisant le *flint-glass* composé de verre de sable & de verre de plomb de pesanteurs différentes; & l'on jugera si l'on ne peut pas espérer un mélange complet, en le tirant à l'eau plusieurs fois, ainsi que je l'expliquerai dans l'*article V de ce Mémoire.* Je suis d'autant plus porté à croire que le mélange de ces deux différens verres, en se faisant difficilement, est la cause de plusieurs imperfections dans le *flint-glass;* qu'il m'est arrivé de trouver souvent dans un pot des verres de différentes pesanteurs au commencement, au milieu & à la fin du pot: je ne dois point ajouter que le plus pesant de ces verres étoit celui du fond.

*(k)* On appelle *cuisses,* le verre qui, sorti du pot, est tombé dans le four, & s'est mêlé dans l'âtre avec du charbon & des cendres.

de ce moyen, j'ai fait avec la compofition fuivante, comme je m'y attendois, un verre vert, prefque noir; mais un verre homogène & très-fin.

J'ai pris, fable............. 100 livres. } *minium* 67 liv.
Soude de varech............ 125
Et j'ai ajouté des cuiffes à trois différentes fois.

Cette matière donne un verre vert, je le répète, mais très-fin & fans nuage.

Si la couleur, comme on le dit, ne fait rien pour en former les objectifs, ce verre pourra être employé utilement.

Le pouce cube de ce verre pefe 1070 grains.
Ainfi il eft au verre de glace comme 1000 eft à 846 ou 847.

Ce verre formé avec des matières qui contenoient le phlogiftique des charbons, de plus des cendres, & ayant eu pour fondant des foudes de varech, devoit, d'après mes principes, avoir une couleur verdâtre tirant fur le brun. Je devois donc rejeter ce moyen pour obtenir un verre blanc, & j'ai cru ne pouvoir pas mieux réuffir pour mêler les parties d'un verre de fable avec celles d'un verre de plomb, de manière à former un nouveau verre blanc & très-homogène dans toutes fes parties, qu'en prenant:

1.° Les plus grands foins pour bien mêler le fable très-fec avec le fel de nitre de la feconde cuite, bien pulvérifé & tamifé.

2.° Le mêler auffi le plus exactement qu'il eft poffible avec le *minium*, fans laiffer cette chaux former des boulettes, ainfi qu'il lui arrive affez fouvent.

Enfin ce mélange, dans les parties de ce verre, devoit être d'autant plus complet, que je pourrois réitérer plus fouvent l'opération de le tirer à l'eau, après laquelle je pouvois piler la matière, la bien mêler, & la fondre de nouveau.

J'ai déjà parlé du verre fait avec des cailloux; j'ai effayé, comme je l'ai dit, jufqu'au criftal de roche; & pour ne rien négliger dans le choix des matières, j'ai choifi pour fondant du fel de nitre de la feconde cuite; avec cette compofition j'ai obtenu un ſuperbe criſtal; &, en y joignant du *minium*, le plus beau *flint-glaſſ*, en employant les moyens que je vais indiquer dans un moment.

| | |
|---|---|
| Criſtal de roche auparavant calciné & réduit en poudre très-fine *(l)*. . . . . . . . . . . . . . . . . | 50[l] |
| Salpêtre de la ſeconde cuite. . . . . . . . . . . . . . | 50 |
| Et pour cinquante livres de criſtal. . . . . . . . | 25 de *minium*. |

Cette compoſition donne un verre d'une belle couleur un peu bleuâtre, & il n'eſt point néceſſaire d'y ajouter de la manganèſe, ni du *ſafre*, pour changer ſa couleur naturelle qui eſt très-tranſparente.

Le *flint-glaſſ* que m'a donné cette compoſition, eſt peſant. Il ſeroit poſſible de forcer la doſe de *minium*, pour rendre ce criſtal plus denſe; & j'ignore le terme où il faudroit s'arrêter *(m)*.

J'ajoute ici une expérience que je dois encore au Savant qui m'a dirigé dans le travail du *flint-glaſſ*.

J'avois éprouvé certaines chaux métalliques, qui, moins peſantes que le ſable, ne procuroient aucun poids au verre que j'en compoſois. Il me reſtoit à ſoumettre à l'examen le *biſmuth;* on ſait que ce demi-métal eſt le plus lourd de ceux de ſa claſſe, & qu'il ſe convertit en verre. Il me reſtoit donc à connoître ce qu'il occaſionneroit dans un juſte mélange de ſable & de fondant. J'ai choiſi, d'après les avis que l'on m'a donnés, l'eſpèce de chaux connue ſous le nom de *magiſter de biſmuth*.

On ſait que le *biſmuth* y eſt réduit en chaux à l'aide de l'acide nitreux, & que cette chaux eſt enſuite précipitée par le ſimple

*(l)* Le criſtal de roche eſt plus difficile à fondre que le ſablon. Je dois cependant ajouter ici que la doſe du fondant doit être moindre lorſque le four donne une plus vive chaleur, & que par la ſuite j'ai fondu le criſtal de roche ſeul à cent vingt-cinq pour cent de fondans, tandis qu'ici le *minium* ſervoit auſſi de fondant.

*(m)* J'ai fait du verre en donnant au *minium* la quantité de ſable qu'il peut vitrifier. Ainſi, à cent livres de *minium*, j'ajoutois cinquante livres de ſable: j'ai eu un verre jaune dont le pouce cube pèſe quinze cents ſoixante-onze grains. Il ne ſeroit peut-être pas impoſſible d'en obtenir un verre fin, blanc & clair.

lavage, en affoibliſſant l'acide avec de l'eau. Ce magiſter bien lavé, fait le blanc ou le fard des Dames ; & l'on n'ignore pas qu'il ſe revivifie ſi aiſément, qu'une haleine chargée d'ail ou le plus léger phlogiſtique de l'air, ſuffit pour le noircir.

Voici une des expériences qui a été faite chez moi, que je compte varier, voyant lieu d'en tirer un verre très-parfait.

| | |
|---|---|
| Sable | 13 onces. |
| Magiſter de biſmuth | 8. |
| Salpêtre, ſeconde cuite | 6. |

En ſix heures de temps, par un bon feu, j'ai eu un verre fin, très-clair, très-net, d'un beau blanc, & dont le pouce cube pèſe mille quarante-ſix grains;

Le pouce cube de verre blanc ordinaire, pèſe 906 grains.
Ainſi il eſt au verre blanc comme 1000 eſt à 868 ou 869.

Il eſt certainement poſſible de forcer encore la doſe de chaux de *biſmuth:* j'en ai fait avec deux tiers de cette chaux, ſans y avoir aperçu le moindre nuage métallique.

On reconnoît, par cette expérience, que la chaux de *biſmuth* ſert de fondant, puiſque ſix onces de ſalpêtre peuvent porter neuf onces de ſable, & que les quatre autres onces juſqu'à treize, ont été fondues & vitrifiées par les huit onces de magiſter de *biſmuth.* Un grand avantage, c'eſt que ce verre de biſmuth n'eſt point jaune comme le verre de plomb, mais eſt bien blanc. Le prix ſeul de la matière pourroit détourner d'en faire uſage.

## ARTICLE QUATRIÈME.

### *De la Fritte.*

Cet article demanderoit encore une deſcription complète de l'art de la Verrerie ; car de la *fritte* ſouvent dépend une partie des perfections du verre ; il eſt poſſible de faire une bonne fritte, & aiſé de la perdre & rendre ainſi cette opération, quoiqu'avantageuſe en elle-même, plus propre à gâter la compoſition du verre qu'à la perfectionner.

Considérons comment agit la fritte; elle consume dans l'*arche* les charbons qui gâteroient le verre, lorsqu'il y en a de joints avec les cendres : elle détruit un phlogistique surabondant qui nuit à la vitrification, & qui ternit le verre lorsqu'il s'y trouve : elle sublime des sels volatils qui nuiroient à la vitrification : peut-être encore prépare-t-elle (mais je n'ose parler ici de ce fait qu'avec la plus grande circonspection) certains sels à une décomposition qu'ils subiront dans le pot au verre, à l'aide d'un feu continu & des matières qui en devenant verre aideront à cette décomposition.

Je dirai seulement ici que ces considérations sur l'objet que l'on se propose en faisant fritter les matières, & la connoissance parfaite des matières que l'on veut exposer à la fritte, doivent tout de suite indiquer celles que l'on doit faire fritter, & celles qu'il ne convient pas d'exposer à cette première chaleur.

Le sable un peu séché & pur n'a pas besoin d'entrer dans la *calcaise* du four pour y être fritté; mais souvent en le mêlant avec d'autres matières que l'on veut diviser & séparer à l'aide de la fritte, il contribue beaucoup au but que l'on se propose; & souvent il convient de le joindre à ces matières.

Les soudes d'Espagne, &c. avec leurs cendres, doivent être frittées, parce que cette première chaleur les sépare, brûle les charbons des plantes, & diminue ou dissipe un phlogistique qu'elles contiennent toujours, & consume un soufre que ces soudes ont en plus ou en moins grande quantité.

Par cette même raison, lorsque pour faire du verre commun, l'on emploie les soudes de *varech*, on doit les faire fritter. Toutes les cendres de plantes ont besoin aussi d'être placées dans l'*arche-à-fritte*.

En faisant une fritte, il faut avoir égard 1.° à ménager la chaleur, sur-tout dans les commencemens de la cuisson, sans cela la fritte se durcit; elle se met en boules pesantes, une partie des sels se perd, & cette fritte réussit très-mal étant employée & mise dans les pots.

2.° Il faut bien mêler les matières que l'on veut faire

fritter, afin que les sels *s'ouvrent*, que la matière ne tienne pas au plancher de la calcaise, que les fondans se gonflent; on les remue avec grand soin & à plusieurs reprises dans l'arche: on ne doit la retirer qu'après environ cinq heures.

Après avoir donné à la fritte une douce chaleur, on l'examine ensuite; &, lorsque le fondant est léger, qu'il a blanchi, qu'il forme de petits morceaux, on l'expose à la plus grande chaleur, & l'on voit les sels qui commencent à entrer en fusion; ils se couvrent d'une croûte blanche qui l'annonce, & en même temps indique l'instant où il faut tirer la fritte de l'arche.

Par cette chaleur graduée, les fondans s'incorporent, pour ainsi dire, avec le sable; ils l'enveloppent & le disposent à entrer plus promptement dans une fusion complète.

Nous n'avons pas encore parlé d'un effet que produit la fritte; cette opération facilite la sortie de l'air interposé entre les molécules des matières propres à devenir verre; aussi généralement les compositions appelées de *fritte*, sont moins sujettes à avoir du *point*, que celles qui ne se frittent point. On est obligé dans celles-ci de suppléer à cette opération, en y ajoutant des substances qui, en faisant bouillir le verre, dégagent cet air, & par conséquent rendent le verre plus fin & privé de ces points qui gâtent le plus beau verre.

D'après ce que nous avons dit sur l'objet de la fritte, le salin de bois ne doit point être soumis à cette première fusion; & par conséquent, on ne doit point faire fritter les compositions de *flint-glass*, lorsque l'on préfère ce fondant: cette opération seroit d'ailleurs très-nuisible si on y exposoit les chaux de plomb qu'elle altéreroit.

## ARTICLE CINQUIÈME.

### *Du four convenable, & de la conduite du feu dans ce four, pour y faire le* flint-glass.

J'ai avancé pour principe, que le cristal, dans la composition duquel on avoit employé plus de sable & moins de fondant, étoit le plus beau; mais qu'il falloit pour lors obtenir la vitrification, principalement de la violence du feu. D'après ceci (égalité dans la qualité des matières), on aura un plus beau verre, quand on devra la vitrification à un four qui chauffe beaucoup. De la forme du four dépend donc la qualité du verre & le profit du Verrier; car il y a des fours qui consumant du bois sans chauffer assez, font tomber le travail en pure perte pour l'Entrepreneur.

J'ai travaillé d'abord avec un four à la françoise, & je suis revenu aux fours allemands, comme plus propres à donner la chaleur qui convient, & la plus vive eu égard à la consommation de bois.

Le four à la françoise a une division où l'on met le bois qui s'y brûle, & dont la flamme & la chaleur, en passant à l'étage supérieur par une ouverture faite à la voûte, échauffe cette division du four où se trouvent les pots. Il y a une cave voûtée sous ce four, qui sert à recevoir les braises qui en tombent. Dans le four allemand, au contraire, il n'y a qu'une chambre, qui est divisée par deux bancs plus élevés, sur lesquels sont rangés les pots; le bois se met entre ces siéges ou bancs; la chaleur se porte immédiatement sur les pots & les échauffe vivement, elle gagne aussi la voûte de ce four, & enveloppant la calotte de ce four, elle en remplit plus aisément la capacité; des ventouses, appelées *soufflets*, aident le bois à bien brûler *(n)*; enfin, l'épreuve que j'ai faite de l'un & de l'autre, m'ont fait rejeter les fours à la françoise, pour m'attacher uniquement & faire seulement usage du four allemand.

J'avoue que si la construction du four allemand est faite pour produire une chaleur plus vive avec la même quantité de bois, avec cette forme de four il seroit moins aisé de

*(n)* On conçoit que si j'avois ici à décrire l'art de la Verrerie, j'entrerois dans les détails nécessaires sur chaque partie du four allemand qui par la justesse dans ses proportions, produit un bon four; le four est la partie la plus essentielle d'une Verrerie, & d'où dépend le gain du Verrier & la beauté des ouvrages qui sortent de sa fabrique.

préferver les pots du phlogiftique que contient la flamme, des étincelles & d'une fumée encore plus nuifible, principalement à la perfection de certains criftaux.

Ceux qui font de vrais criftaux, auxquels on veut donner une pefanteur qui les rend plus chers & plus eftimés, n'obtiennent, comme je l'ai dit, de poids qu'à l'aide d'une chaux de plomb. C'eft dans le *flint-glaff*, une qualité néceffaire pour former un verre de Lunette achromatique; & il le doit à la moitié de fa compofition qui eft en plomb. Perfonne n'ignore combien les chaux de plomb font avides du phlogiftique pour fe revivifier, & qu'en fe revivifiant elles noirciffent au moindre approche du phlogiftique; le blanc de plomb fe revivifie feulement à froid & par l'approche d'un corps gras. Or dans les fours allemands les chaux de plomb feroient plus fufceptibles de cette approche du phlogiftique, fi l'on n'avoit pas des moyens de s'en garantir.

Le moyen qu'il convient mieux de prendre pour fondre la compofition du *flint-glaff*, eft de mettre les matières dans un pot couvert. Le deffus de ces pots porte un col ouvert & recourbé qui vient fe rendre à l'ouvreau, où il fe lute avec l'ouvreau; de cette façon la matière du pot n'a aucune communication avec la flamme du four. Cette précaution eft néceffaire dans le commencement de la fonte du plomb qui ne demande qu'à fe revivifier: elle eft utile dans la fuite de l'opération pour empêcher les flammèches de tomber dans le pot; elles noirciroient, jauniroient ou terniroient le criftal; mais l'on ne doit pas craindre, dans ce dernier temps, que la chaux de plomb vitrifiée reprenne fa forme métallique.

On force le feu du four, & on le continue long-temps. Pour n'omettre aucuns des foins d'où peuvent dépendre les qualités dans cette efpèce de criftal, j'ai prêté une attention fcrupuleufe à tout ce qui pourroit lui nuire. Comme les outils de fer fe décompofent à l'eau, qu'il s'en détache des lames par la vive chaleur, je confeille plutôt de ne point remuer la matière, que d'employer les *pilons* pour mêler la matière du verre lorfqu'elle eft en fufion. C'eft cependant un moyen néceſſaire, ſur-tout quand on emploie la manganèſe, le ſaffre, &c. pour changer la couleur du criſtal.

Je ſuis perſuadé que ſi l'on remuoit avec un bâton, le bois qui ſe conſumeroit, en remuant la matière fondue, gâteroit encore plus la matière du pot, par le phlogiſtique qu'il communiqueroit à ce criſtal. J'avoue que j'ai mieux aimé ne point remuer la matière plutôt que d'employer les pilons de fer, ayant vu par les *cannes* que le verre qui touche à cet outil avec lequel on le travaille, y dépoſe une partie d'elles-mêmes & le noircit. Mais quand la couleur étoit mal mêlée, quand elle étoit miſe en trop grande quantité, ne trouvant pas de moyens pour ſuppléer à ces pilons de fer, je n'ai pas pu m'en paſſer. Quand je l'ai pu, je n'ai point remué la matière; & voici les moyens auxquels j'ai eu recours pour perfectionner cette eſpèce de criſtal.

Le verre, dans le commencement de la vitrification, bouillonne beaucoup; je le laiſſe pendant pluſieurs heures expoſé à un feu violent, tel que j'ai annoncé qu'il devoit être dans un four qui chauffe bien. Je chauffe ce four avec du bois refendu coupé en *billettes* & bien ſec, car c'eſt encore une choſe eſſentielle.

Pour rendre ce verre fin, l'affiner ou lui faire perdre les petites bulles ou points, je *tire la matière à l'eau.* Pour tirer ce verre du pot, j'aurois voulu me paſſer auſſi d'inſtrumens de fer; mais j'ai éprouvé encore une impoſſibilité. D'ailleurs, comme le verre reſte peu dans la cuiller ou poche dont on ſe ſert pour le tirer du pot, qu'on la mouille de temps à autre, qu'on retire le verre en plus grande maſſe qu'il eſt poſſible, je ne crois pas que le fer puiſſe s'y décompoſer. Je tire donc le verre de ce pot en puiſant la matière avec une poche ou cuiller; je le jette dans une auge remplie d'eau, & je fais piler cette matière dans une auge de bois, où ce verre ayant eſſuyé cette décompoſition par l'eau, ſe ſépare & ſe pile facilement. J'ajoute à ce verre pulvériſé une petite quantité de manganèſe chaque fois que je le remets fondre, & un peu de ſalpêtre de la ſeconde cuite.

Ce verre eſt placé dans le même pot où je l'avois mis auparavant, & je le laiſſe s'affiner de nouveau. J'ai réitéré cette opération juſqu'à huit fois, pour avoir une matière parfaitement pure.

J'ai peſé pluſieurs fois un pot dont j'ai pris la *tarre* & le poids de la matière dont je l'ai rempli, & je n'ai eu en verre parfait que la quantité de matière vitrifiable que j'avois employée, les fondans s'étant évaporés. Il n'en eſt pas de même dans la compoſition du *flint-glaſſ* ou du verre de Lunette achromatique ; le ſable & la chaux de plomb entrent eſſentiellement dans la compoſition du verre, & on a ſeulement en moins les fondans que l'on a employés, qui ne ſe retrouvent plus quand la vitrification eſt complète. Je m'en ſuis encore aſſuré par des expériences réitérées.

## ARTICLE SIXIÈME.

### *Travail du* flint-glaſſ.

J'ai avancé que les *points* & les *bulles*, c'eſt-à-dire de plus gros points, des veſſies moins ſerrées que les points, proviennent d'une cauſe différente. Nous venons de parler de l'origine des points; il nous reſte à expliquer comment ſe forment les bulles. Si dans un même pot, deux ouvriers travaillant la même matière, l'un forme des bulles dans un ouvrage, & l'autre fait une même eſpèce de verre ſans qu'il s'y trouve de bulles, j'aurai, je crois, prouvé que les bulles dépendent uniquement de la main de l'ouvrier, & qu'elles proviennent de la manière dont on cueille le verre.

Si l'ouvrier, en levant ſon verre avec ſa canne, le ſort de la ſuperficie du pot, qu'il faſſe entrer de l'air entre les lames de verre qu'il applique ſur ſa canne, cet air reſtera enveloppé dans le verre & y formera des bulles. Ceci n'arrive que trop ſouvent à nos ouvriers peu adroits, & nous les reprenons inutilement ſur le peu d'adreſſe & le peu de légèreté qu'ils mettent en cueillant le verre. Le *flint-glaſſ*, quoique ſoufflé, n'a point de bulles, parce que l'on prend beaucoup d'attention en le travaillant; mais l'on peut dire généralement que les verres soufflés sont plus sujets à avoir des bulles que les verres coulés. Ceci n'aide-t-il pas à confirmer ce que j'avance, que les bulles sont formées par un mauvais cueillage. N'est-ce pas au moins un acheminement à se ranger de mon sentiment? Je convaincrois complètement, si devant mes Juges, & par un mauvais *cueillage*, je formois à dessein des bulles dans une matière.

Les verres *flint-glass* Anglois sont soufflés, c'est-à-dire, que l'on puise plusieurs fois de la matière du verre avec la *canne* ou *felle*; on la tourne légèrement, & le verre s'enveloppe sur la canne.

J'ai dit que j'avois remarqué aux *flint-glass*, que les tables qui les traversent, & qui nuisent à la perfection de ces verres, étoient toujours parallèles aux deux surfaces du plat de verre. Cet examen m'a fait croire que ce défaut essentiel & très-commun dans ces verres, ne provenoit que de la façon dont on les travailloit.

La matière, au sortir du pot, éprouve en se refroidissant lorsqu'on la souffle, des changemens qui lui deviennent préjudiciables, sur-tout lorsque ce verre, comme dans le *flint-glass*, est composé de verre de sable & de verre de plomb de densités différentes; il est impossible que la table de verre qui s'est ainsi refroidie, ne se ressente pas de ces différens momens où la matière se durcit, & prend de la consistance. Cette matière qui est roulée sur le *marbre* pour en faire la *paraison*, reçoit les impressions de l'air, dont le degré de chaleur est bien différent de celui qu'elle avoit dans le four, ou dans le pot. La partie la plus extérieure se fige; elle n'est pas assez durcie pour ne pas se joindre avec la matière qui, étant marbrée ou soufflée en s'alongeant, change de place; & il restera toujours des fils qui indiquent cette différente position, & qui nuiront à la perfection des verres. Je crois la méthode que je vais proposer, exempte de ces défauts.

Quand on retire un vieux pot du four, on trouve souvent dans ces pots du verre en grosse masse, qui est sans fils, sans table. Ceci m'indiqueroit que les verres Anglois ne ſont défectueux uniquement que par les moyens ſucceſſifs employés en les travaillant; que le refroidiſſement ſubit, mais uniforme dans toutes ſes parties, n'étoit pas la cauſe de cette imperfection.

J'ai fait faire des moules avec de la terre à pot, préparée comme celle avec laquelle on fait les pots, & qui avoient à peu-près la hauteur que je voulois donner à la table de verre que je devois y mouler *(o)*. J'ai mis ce moule dans le four, expoſé à la même chaleur que le verre que je voulois y couler, & j'ai coulé la matière lorſque je l'ai vu bien affinée. Je me refuſois de m'en aſſurer par des eſſais, afin d'y mettre le moins de *ferment* qu'il m'étoit poſſible. Enfin la comptant bien nette, & jugeant de ſa qualité par l'inſpection de la dernière matière que j'avois tirée à l'eau, je prenois, avec une poche, de la matière de verre; je la renverſois dans chacun de mes moules que l'on tenoit dans le four, près du pot qui contenoit la matière fondue. De cette manière la fonte eſſuyoit peu ou point de changement, en paſſant du *pot au travail* dans le moule. La matière s'y couloit, & n'avoit ni fils, ni table, ni points. Je la retirois du four en la faiſant paſſer dans l'arche aux *féraces,* & ne la faiſant ſortir que par des degrés preſque inſenſibles & proportionnés au chemin que je faiſois faire aux moules, & au degré de chaleur que l'on entretenoit dans le four pour la fonte d'autres nouvelles matières.

J'avoue cependant que ce moyen n'eſt pas ſans inconvéniens, parce que ſouvent le verre qui eſt adhérent au moule, ſe caſſe en s'y refroidiſſant. J'y remédiois en trempant le moule dans l'eau au ſortir du four, & l'engageois ainſi à ſe *calciner* ou à ſe fendre en perdant ſa chaleur.

Un autre moyen plus ſimple encore, conſiſte à prendre, lorſque le four a perdu autant de ſa chaleur qu'il eſt poſſible,

*(o)* Ce moule doit avoir une forme convenable, & être fait avec précautions, afin que la matière de ce moule, en ſe refroidiſſant, n'éprouvant pas les mêmes changemens dans ſa forme que le verre qui s'y refroidit auſſi, ne caſſe point le verre qu'il contient.

de la matière avec une épaisse cuiller de cuivre que l'on a mouillée auparavant, & à verser d'un seul jet la matière, en renversant la cuiller sur une plaque de cuivre, ou dans un moule de cuivre graissé. On ôte ce verre du moule, & on le met dans une *quilave*, ou espèce d'étui à manchon de tôle épaisse, posé dans l'arche à recuire les ouvrages; on l'en tire par des degrés presque insensibles *(p)*. J'ai obtenu ainsi un verre ou cristal *flint*, plus parfait, & je me flatte qu'il répond à la demande de l'Académie. Je soumets à son jugement de ce verre brut, de dégrossi, & d'autre taillé en objectif par un Lunetier.

Je crois entendre quelques-uns de mes Lecteurs, dire qu'ils ont imaginé un moyen plus aisé, plus certain, qui consiste à allumer & à éteindre à chaque fonte un four destiné à faire seulement des verres de Lunettes achromatiques.

Je réponds que ce moyen, qui est praticable, ne tend pas à la perfection de la matière, mais la rend plus chère, ce qui me laisse l'avantage de pouvoir en offrir au choix du Public une plus grande quantité, & à plus bas prix.

L'on n'imaginera pas, je crois, qu'étant à la tête d'une Verrerie, l'intérêt m'ait conduit. Si mon cœur eût été capable de ces vues basses, ce vil intérêt eût brisé ma plume, & l'eût arrêtée pour qu'elle me refusât son secours dans ce moment.

Je suppose qu'un Particulier ait construit un four pour y faire seulement du *flint-glass*; peut-il espérer de ce feu éphémère ce que nous devons attendre d'un feu vif, allumé depuis quinze ou dix-huit mois *(q)*!

---

*(p)* On ne court aucun risque de laisser la matière prendre un commencement de fusion dans ce four à recuire, où elle ne reçoit point de fumée, & où les parties les plus pesantes étant fondues, prennent un arrangement, qui, sans doute, tourne à l'avantage du *flint-glass*.

*(q)* Lorsque nous faisons construire un four dans un lieu où il n'y en a point eu, il faut au moins deux mois de feu avant d'en tirer tout l'avantage que nous devons en attendre; & nous réglons nos compositions suivant le peu de chaleur que donne ce four, qui consume pour lors beaucoup de bois en pure perte. Il en est de même lorsque le four est sur sa fin; nous sommes obligés pour lors de forcer la dose des fondans; & le verre n'en est pas si beau.

Mais, ou il a travaillé en aveugle, ou il s'eſt dirigé d'après de vraies connoiſſances dans l'art de la Verrerie. Si un haſard heureux l'a favoriſé, l'Académie mettra le comble à ſon bonheur en le couronnant. S'il eſt dans ma deuxième hypothèſe, il ſaura mieux que moi combien l'art de la Verrerie offre de connoiſſances nouvelles à acquérir. Nous voyons depuis peu l'eſpace immenſe qu'il laiſſe à nos découvertes. Le plus clair-voyant y travaille ſouvent en aveugle; une circonſtance inconnue peut nous faire manquer une compoſition. Nous travaillons une matière coûteuſe; & la ſeule économie forme notre gain.

Je ſuppoſe que dans nos Verreries l'une de ces circonſtances faſſe manquer la fonte du *flint-glaſſ,* nous jetons les morceaux dans un pot, & nous la recommençons, ou nous formons avec cette matière des criſtaux qui entreront dans notre commerce: nos ſoins, nos peines, notre temps ne ſont plus comptés pour rien. Ces conſidérations me font pronoſtiquer que cette fabrique ne ſortira pas des Verreries; & je m'appuye ſur ce que rapportent les Voyageurs qui aſſurent que les Anglois, dans le choix du bon *flint-glaſſ,* laiſſent beaucoup de rebut, qui n'eſt pas en pure perte pour le Verrier qui en forme des criſtaux; ma méthode eſt donc plus générale & la ſeule que puiſſent adopter nos Verriers.

On ſait que les glaces de Veniſe ſont plus eſtimées que nos glaces coulées: ces premières ſont toutes ſoufflées en *manchon* & *ouvertes.* Perſonne n'ignore encore que la même matière travaillée en *plats* eſt plus belle que ſoufflée en *manchons.* Les plats acquièrent de la beauté en ſe recuiſant & ſe refroidiſſant, tandis que les verres à *manchons* que l'on coupe au four, pour, en les ouvrant, faire des vitres, perdent de leur brillant en les étendant & en ſe refroidiſſant. J'ai travaillé le *flint-glaſſ* de ces deux manières; 1.° de ſouffler en *manchons* les *flint-glaſſ,* & de les couper comme font les Anglois; 2.° de les ouvrir en plats.

Le verre des Lunettes achromatiques doit être tendre & coulant au ſortir du pot; pour en former un *manchon* ou un *plat*, il faut cueillir plusieurs fois en laissant refroidir la première *paraison*. On compte aisément sur de pareils morceaux les différentes levées ; ce qui forme des tables dans ce verre. Ceci confirme de la manière la plus sensible, ce que j'ai avancé sur l'origine des tables ou fils qui se remarquent très-souvent en travaillant le *flint-glass* Anglois, de sorte que je ne crois pas ces deux moyens les plus propres à produire le meilleur *flint-glass*.

*L'Auteur joint à son Mémoire:*

N.os 1. Un verre de salin coloré avec le cobolt, & pesant.
2. Un verre de salin dégrossi.
2. Un verre de salin poli.
3. Un verre de salin plus blanc.
3. Ce verre arrondi & dégrossi.
4. Un verre de salin en plat.
5. Un autre travaillé avec les fers, & coupé près de la canne.
6. Des verres coupés comme pour des verres de montre.
7. Verre de salin avec sa couleur naturelle.
7. Ce verre taillé en objectif.
8. Verre de salpêtre pesant, pour faire voir les couches produites par trois cueillages.
9. Un verre à plat à deux cueillages.
10. Verre de cristal de roche, salpêtre de la seconde cuite, & *minium*.
11. Verre de cristal de roche, un peu neigeux, parce qu'il est trop chargé de fondans, & qu'il a été tiré du four où il y avoit pour lors une trop vive chaleur.
12. Un verre de salin rafiné.
12. Le même verre poli.
13. Un verre de vitre avec soude de varech & des plus communs, seulement pour juger de son poids, & en faire l'essai comme *crown-glass*.

Les numéros 4, 5, 6, pour juger si ces manières de travailler les verres pourroient être admises pour le *flint-glass*.

Les numéros 8, 9, montrent les différens cueillages, & appuient le sentiment de l'Auteur sur les fils ou tables du *flint-glass* Anglois.

*P. S.* Je vous ai dépeint, Messieurs, l'art de la Verrerie, étant encore dans son berceau; je crois même vous l'avoir prouvé, en avouant dans le cours de cet ouvrage combien nous avons de lumières utiles à desirer; utiles, je devrois dire nécessaires, pour perfectionner cet Art, & étendre les barrières de nos connoissances, même en Physique. Il seroit de votre gloire d'aider de vos lumières, des Artistes qui se feroient honneur de travailler de concert avec vous à exécuter ce vaste projet.

Je crois vous avoir fait voir que la pesanteur d'un verre dépend de la substance vitrifiable que l'on emploie, chaque substance offre un poids spécifique différent; par conséquent, un verre d'une pesanteur différente. Combien d'étendue auroit cet article bien traité, par la quantité de terre vitrifiable & de chaux métallique à examiner! Il faudroit mieux connoître l'effet des fondans sur le verre; étudier la construction & la forme du four le plus propre à donner une vive chaleur, qui s'accorderoit avec nos ouvrages & la façon de les travailler.

Enfin dans ce travail, la Chimie la plus parfaite s'exerceroit avec avantage, mais la Physique y trouveroit peut-être des faits qui serviroient d'explications au système de la lumière, & des corps propres à la réfléchir. Le plomb est gris; perdant de son phlogistique, il devient jaune-rouge; le verre en est jaune: cette chaux, formée par un acide, devient blanche; elle fait un verre jaune un peu vert, & cependant avec des cendres l'on fait un verre vert, avec du charbon, un verre brun; d'un verre fin je peux en faire une espèce d'émail ou de porcelaine, sans aucune addition de substance métallique, & seulement en l'étouffant, & lui donnant du phlogistique. Certaine quantité de manganèse blanchit le verre, une plus grande le rougit & le noircit; comment cela s'opère-t-il, &c. &c. &c? Que de questions, qui, étudiées pourroient être éclaircies, & servir à notre instruction!

*F I N.*

www.ingramcontent.com/pod-product-compliance
Ingram Content Group UK Ltd.
Pitfield, Milton Keynes, MK11 3LW, UK
UKHW020520230726
13925UKWH00005B/2206